BEI GRIN MACHT SICH IHR WISSEN BEZAHLT

- Wir veröffentlichen Ihre Hausarbeit,
  Bachelor- und Masterarbeit

- Ihr eigenes eBook und Buch -
  weltweit in allen wichtigen Shops

- Verdienen Sie an jedem Verkauf

Jetzt bei www.GRIN.com hochladen und kostenlos publizieren

Matthias Lanzrath

Aktuelle Risiken des Mobile Commerce für Anwender

Status quo und Entwicklungen

GRIN Verlag

Bibliografische Information der Deutschen Nationalbibliothek:

Die Deutsche Bibliothek verzeichnet diese Publikation in der Deutschen National-
bibliografie; detaillierte bibliografische Daten sind im Internet über http://dnb.d-
nb.de/ abrufbar.

Impressum:

Copyright © 2011 GRIN Verlag GmbH
Druck und Bindung: Books on Demand GmbH, Norderstedt Germany
ISBN: 978-3-656-20171-7

Dieses Buch bei GRIN:

http://www.grin.com/de/e-book/194788/aktuelle-risiken-des-mobile-commerce-
fuer-anwender

GRIN - Your knowledge has value

Der GRIN Verlag publiziert seit 1998 wissenschaftliche Arbeiten von Studenten, Hochschullehrern und anderen Akademikern als eBook und gedrucktes Buch. Die Verlagswebsite www.grin.com ist die ideale Plattform zur Veröffentlichung von Hausarbeiten, Abschlussarbeiten, wissenschaftlichen Aufsätzen, Dissertationen und Fachbüchern.

Besuchen Sie uns im Internet:

http://www.grin.com/

http://www.facebook.com/grincom

http://www.twitter.com/grin_com

FOM – Hochschule für Oekonomie & Management

Standort Köln / Leverkusen

Berufsbegleitender Studiengang Wirtschaftsinformatik

5. Fachsemester

Hausarbeit im Modul „E-Business & Mobile Computing"

Aktuelle Risiken des Mobile Commerce für Anwender – Status quo und Entwicklungen

Autor: Matthias Lanzrath

Köln, den 19. Mai 2011

Inhaltsverzeichnis

II.   Tabellen- und Abbildungsverzeichnis

II. Abkürzungsverzeichnis

BDSG	Bundesdatenschutzgesetz
BGB	Bürgerliches Gesetzbuch
IT	Informationstechnologie
LTE	Long Term Evolution
MITM	Man-in-the-Middle
MMS	Multimedia Message Service
NFC	Near Field Communication
PC	Personal Computer
PDA	Personal Digital Assistant
RFID	Radio Frequency Identification
SIM	Subscriber Identification Module
SMS	Short Message Service
UMTS	Universal Mobile Telecommunication System
WLAN	Wireless Local Area Network

Einleitung

1.1 Problemstellung

In der heutigen Zeit steckt unsere Gesellschaft durch die stetig und ständige Weiterentwicklung der Computer- und Elektronikindustrie mehr und mehr in einem Wandel zur Informationsgesellschaft. Das Wissen der Menschheit hat in den letzten Jahren stetig zugenommen. Letztendlich auch wegen der Einführung des Internet für wissenschaftliche und kommerzielle Zwecke zu Beginn der achtziger Jahre. Neben dieser technischen Weiterentwicklung haben sich zugleich die gesellschaftlichen Bedürfnisse verändert. Innerhalb von verhältnismäßig wenigen Stunden reist man an jeden Ort der Erde. Verkehrsinfrastrukturen, die den Ansprüchen von immer mehr Menschen gerecht werden muss, werden zu Land, zu Wasser und in der Luft ständig ausgebaut. Unsere Gesellschaft entwickelt sich zu einer mobilen Gesellschaft und damit steigt auch der mobile Bedarf am Zugang zu dem, was unsere Gesellschaft schließlich ausmacht: Die Information. Durch das Zusammenwachsen von Bereichen aus der Informations- und Kommunikationstechnologie wie Telekommunikation, Medien und der Unterhaltungselektronik wird der Bedarf an mobiler Technik voraussichtlich weiter steigen. Aus der Entwicklung von Mobiltelefonen und PDAs (Personal Digital Assistants) entstehen heutzutage z. B. sog. *Smartphones*. Aber auch die mobile Computertechnik wurde vom Laptop über das *Netbook* hin zum sog. *Tablet-PC* weiterentwickelt. Wirtschaftlich gesehen, entsteht dadurch ein neuer Wertschöpfungsbereich für Handel, Industrie und Kunden, welche durch die Eigenschaften der Technologie völlig neue Möglichkeiten der Bedürfnisbefriedigung darstellt, wie vor einigen Jahren bereits das Internet. Die Tatsache, dass eine Vielzahl von Personen durch das Internet und die hochentwickelten mobilen Endgeräte miteinander verbunden sind, liefert eine weitreichende Grundlage für die Verbreitung von Informationen und Kommerz oder von Desinformationen. Oftmals wird beim Einsatz dieser Technologien rund um die mobilen Geräte für private Zwecke das Thema Sicherheit oftmals vernachlässigt oder gänzlich außer Acht gelassen.

1.2 Ziele der Arbeit

Die vorliegende Hausarbeit beschäftigt sich vorwiegend mit den verschiedenen Sicherheitszielen und Risiken des Mobile Commerce für Anwender. In dieser Arbeit werden Anwender als Privatpersonen verstanden, die *mobile Commerce* aus privaten Gründen nutzen. Ziel hierbei ist es, einerseits die Grundlagen für das Verständnis des Mobile Commerce und andererseits aktuelle Risiken für Anwender zu verdeutlichen. Die Arbeit liefert zudem einen Ausblick auf aktuelle und künftige Entwicklungen in dem Bereich.

1.3 Aufbau der Arbeit

Diese Hausarbeit beinhaltet insgesamt fünf Kapitel. Im zweiten Kapitel werden die Grundlagen für das weitere Verständnis gelegt. Dabei werden die Begriffe *Mobile-Commerce (M-Commerce)* und *Electronic-Commerce (E-Commerce)* voneinander abgegrenzt und Definitionen für die Praxis formuliert.

Weitergehend werden in Kapitel 3 die unterschiedlichen Sicherheitsziele wie Vertraulichkeit, Integrität, Autorisierung und Authentisierung erläutert. Kapitel 4 beschäftigt sich mit den Risiken des Mobile-Commerce. Unterscheiden lassen sich dabei technische, wirtschaftliche und rechtliche Risiken. Hierbei geht es um unterschiedliche Möglichkeiten und Manipulationsmethoden in der Datenübertragung sowie ihre Auswirkungen in der Praxis. Abschließend werden in einem Fazit die Ergebnisse der Untersuchung zusammengefasst und ein Ausblick auf die künftige Entwicklung gegeben.

2. Grundlagen

In diesem Kapitel werden die Grundlagen für das weitere Verständnis beschrieben. Zudem werden die verschiedenen Ausprägungen *M-Commerce* und *E-Commerce* behandelt und voneinander abgegrenzt und beschrieben sowie die Themen Datenschutz und Datensicherheit behandelt.

2.1 Abgrenzung Mobile-Commerce zu Electronic-Commerce

Bei Mobile-Commerce oder *M-Commerce* lässt sich feststellen, dass der Begriff i eine Abwandlung und Weiterentwicklung des Begriffs Electronic Commerce oder *E-Commerce* ist. So umfasst E-Commerce jede Art von geschäftlichen Transaktionen, welche die beteiligten Partner im Rahmen einer Leistungsanbahnung, Leistungsvereinbarung oder Leistungserbringung abschließen und dabei elektronische Kommunikationsmittel einsetzen.[1]

M-Commerce wird oft auch mit dem Begriff des Mobile-Business in Zusammenhang gebracht. Dies bedeutet im Wesentlichen alle unternehmerischen Aktivitäten bei denen mobile Technologien eingesetzt werden, um den Leistungserbringungsprozess zu unterstützen. Kundenorientierung und Geschäftsprozesse können in diesem Fall als M-Commerce bezeichnet werden. Im Bereich des M-Commerce geschieht dies jedoch vorwiegend durch mobile elektronische Geräte wie z. B. PDAs, Smartphones oder Tablet-PCs.[2]

Der wesentliche, zentrale Unterschied zwischen M-Commerce und E-Commerce besteht in der jeweiligen Verwendung von unterschiedlichen Technologien zu geschäftlichen Tätigkeit. Als technologische Merkmale des M-Commerce lassen sich an dieser Stelle die Möglichkeiten wie ständige Erreichbarkeit, Identifizierbarkeit und Lokalisierbarkeit nennen.[3]

2.2 Datenschutz

Unter Datenschutz versteht man generell den Schutz von personenbezogenden Daten ohne, dass das jeweilige Persönlichkeitsrecht beeinträchtigt wird. Konkretisiert man dies, lässt sich folgende Definition finden. „Personenbezogende Daten sind Einzelangaben über persönliche oder sachliche Verhältnisse einer bestimmen oder bestimmbaren natürlichen Person".[4] Diese Definition stammt aus dem Bundesdatenschutzgesetz (BDSG), welches allgemeine Verfahren und rechtliche Bedingungen im Umgang mit personenbezogenen Daten vorschreibt. Personenbezogene Daten im Sinne des BDSG sind weiterhin nicht etwa der Vor-

---

[1] vgl. Turowski, K.; Pousttchi, K. (2004) S.1
[2] vgl. Lehner, F. (2003) S. 6
[3] vgl. Lehner, F. (2003) S. 8
[4] vgl. § 3 Bundesdatenschutzgesetz, BuDaln, 01.09.2009

bzw. Nachname einer Person, auch nicht deren amtliche Wohnadresse oder etwa das Geschlecht. Es sind vielmehr Daten bzw. Merkmale, welche eine Person identifizierbar machen bzw. deren Persönlichkeit betreffen. Dazu gehören unter anderem Angaben zu Alter, Körpergröße, Augenfarbe, sowie Religionszugehörigkeit oder Herkunft. Aufgrund der engen inhaltlichen Verflechtung von IT-Sicherheit und Datenschutz, hat das Bundesamt für Sicherheit in der Informationstechnik (BSI) dieses Thema in einem sog. Grundbaustein näher beschrieben und erläutert. Detailliert auf die einzelnen Bestandteile dieses Dokuments und auch auf das Gesetz einzugehen, würde dem Rahmen dieser Seminararbeit überteigen und wäre an dieser Stelle nicht zweckdienlich.

2.3 Datensicherheit

Der Begriff Datensicherheit korreliert in der Informationssicherheit häufig mit dem Begriff der Informationssicherheit. Ohne elektronische Weiterverarbeitungen von Informationen sind moderne Geschäftsprozesse für private Anwender nicht mehr vorstellbar. Daten und Informationen gehören heute zum wesentlichen Gut einer Person und müssen daher angemessen geschützt werden. Durch die stärkere Integration von Informationstechnologie (IT) in das private und öffentliche Leben, entsteht zudem auch eine erhöhte Abhängigkeit gegenüber dieser. Die Wichtigkeit von ausreichend effizienten Maßnahmen zur Datensicherheit ist aber auch noch durch weitere Entwicklungen begründet. Der steigende Vernetzungsgrad informationstechnischen Systemen ermöglicht es mehreren Benutzern gleichzeitig auf gemeinsame Datenquellen zuzugreifen und Formen der Zusammenarbeit über verschiedenste Grenzen hinaus zu ermöglichen. Damit entsteht zudem auch ein hohes Maß an Abhängigkeit von Datenübertragungsnetzen. Sicherheitsmängel können also unter Umständen leicht globale Auswirkungen haben. Durch schnellere und spontane Kommunikation lassen sich Netzzugriffe und Standorte mitunter nur noch schwer bzw. teilweise relativ ungenau lokalisieren oder eingrenzen. Die hohe Interaktivität von Benutzern mit Informationssystemen, macht den Informationsfluss und kontrollierte Weitergabe von Daten schwieriger.[5]

---

[5] vgl. bsi.bund.de/cln_174/ContentBSI/grundschutz/kataloge/allgemein/einstieg/01001.html

3. Sicherheitsziele des Mobile Commerce

Ziel dieses Kapitels ist es, einen Überblick über die unterschiedlichen Sicherheitsziele zu geben. Dabei werden die Aspekte Vertraulichkeit, Autorisierung, Integrität und Authentisierung genauer erläutert.

3.1 Vertraulichkeit

Vertraulichkeit betrifft die Geheimhaltung des gegenseitigen Daten- und Informationsaustausch. Der physische Schutz von Daten und Informationen ist in der digitalen Welt und innerhalb der öffentlichen Netze jedoch nicht ohne Weiteres zu gewährleisten. Es wäre für jemand Dritten ohne Weiteres durch technische Maßnahmen möglich die Information mitzulesen und auszuwerten. Denn die elektronischen Signale können auch noch von Anderen empfangen werden. Aus diesem Grund werden bei der Initialisierung und dem Austausch von Informationen verschiedene kryptographische Verfahren wie z.B. die Verschlüsselung eingesetzt.[6] Der Regensburger Professor Franz LEHNER erklärt Vertraulichkeit wie folgt „Damit ist der Datenschutz gemeint. [...] Nur die beteiligten autorisierten Instanzen sollen während der Kommunikation die Daten im Klartext abgreifen können."[7]

3.2 Autorisierung

Die Autorisierung im M-Commerce betrachtet die Berechtigung eines Kommunikationspartners. Das Gegenüber soll auch das Recht haben eine Transaktion durchzuführen. Ähnlich wie der Erhalt eines Hausschlüssels oder der Besitz einer Zutrittskarte zu einem bestimmten Bereich, werden hier Zutrittsbarrieren geschaffen z. B. bei Benutzung eines mobilen Endgeräts, den Zugang zu verschiedenen Netzwerken oder für das Lesen bzw. Öffnen, Ändern oder Löschen von Dateien. Im klassischen E-Business geschieht dies meist schon auf Betriebssystemebene, bei Anwendern meist durch ein Kennwort.[8]

---

[6] vgl. Turowski, K.; Pousttchi, K. (2004) S.105
[7] Lehner, F. (2003) S. 211
[8] vgl. Turowski, K.; Pousttchi, K. (2004) S.104

3.3 Integrität

Ungemein wichtig bei der elektronischen Kommunikation ist vor allem auch die Integrität der Information. Dies bedeutet die Unversehrtheit der Daten vor bewusster oder unbewusster Manipulation und Veränderung. „Die Sicherstellung der Integrität [...] erfordert das Verhindern der Datenmanipulation oder Datenzerstörung auf eine nicht-autorisierte oder unbeabsichtigte Art und Weise"[9]. Sollte dies nicht gewährleistet sein, kann dies unberechenbare und nicht abzusehende Folgen für die Beteiligten haben. Beispiele für rechtliche und Risiken, die daraus entstehen können werden an späterer Stelle dieser Seminararbeit genauer erläutert.

3.4 Authentisierung

Beim Abschluss einer Leistung über elektronische Medien und Netzwerke muss weiterhin sichergestellt sein, dass die Person bzw. das Unternehmen mit dem eine Transaktion eingegangen oder vereinbart wird auch tatsächlich der Geschäftspartner ist. Die Identität der Beteiligten muss sichergestellt sein. Hierbei unterscheidet man zwischen Authentisierung und Authentifizierung. Man spricht von Authentifizierung, wenn die Identität eines anderen durch den Geschäftspartner ermittelt wird, währenddessen von Authentisierung wenn jemand seine eigene Identität nachweist. Übertragen auf den Bereich des M-Commerce bedeutet das den Einsatz von unterschiedlichen technischen Maßnahmen wie das Verfahren der sog. *digitalen Signatur*. Bei diesem Verfahren *unterschreibt* der Sender einer Information eine Nachricht, bzw. ein Signal mit seiner digitalen Unterschrift. Der Empfänger kann dann davon ausgehen, dass die abgeschickte Nachricht tatsächlich vom Sender stammt und mit einem weiteren Verfahren auch nicht verändert wurde. Für die Ermittlung oder Feststellung einer fremden Identität werden in der Regel, analog zum klassischen E-Business Bereich, auch im M-Commerce Zertifikate und Autoritätsstellen verwendet. Unternehmen können Ihre Dienste und Services über verschiedene Zertifizierungsstellen wie z.B. Verisign, Trustcenter oder Denic absichern lassen. So ist eine Grundlage dafür geschaffen, dass Anwender von der Echtheit eines Kommunikationspartners ausgehen können.[10]

---

[9] Kollmann, T. (2011) S. 211
[10] vgl . Turowski, K.; Pousttchi, K. (2004) S.104

4. Risiken des Mobile Commerce

4.1 technische Risiken

Ursprünglich stellte sich als Hauptproblem des M-Commerce die relativ geringe und begrenze Leistung der mobilen Endgeräte heraus. Dies führte zunächst bei den Anwendern zu einer geringen Nutzung der Endgeräte für weitergehende Aktionen als dem Telefonieren. Hier hat es vor allem durch die Smartphone voran mit der Entwicklung von berührungssensitiven Touchscreen-Displays und Oberflächen enorme Fortschritte gegeben. Im Bereich der Benutzerführung und Handhabung (Usability) sind die heute neu entwickelten Endgeräten nahezu komfortabel wie die Nutzung eines PCs. Eingeschränkte und schlechte Lesbarkeit z.B. durch eine geringe Auflösung und kleine Displaygrößen gehören fast der Vergangenheit an. Im Bereich der Übertragungsnetze, speziell bei UMTS gibt es noch keine flächendeckende Netzabdeckung. Dies kann zum Problem werden wenn gerade bei datenintensiven Anwendungen die Netzverbindung verloren geht. Insbesondere kann dies geschehen wenn die unterschiedlichen UMTS Funkzellen mehrmals gewechselt werden müssen z.B. während einer Zugfahrt.

Abbildung 1: Mobilfunkabdeckung in Deutschland 2011 [11]

---

[11] vgl. http://www.vodafone.de/privat/hilfe-support/netzabdeckung.html?

Die vorige Abbildung verdeutlicht die momentane Verfügbarkeit der unterschiedlichen Übertragungstechnologien im Mobilfunk in der Bundesrepublik. Insbesondere die neue Generation LTE befindet sich derzeit noch im Aufbau, so dass diese momentan noch nicht von den Endgeräten und Anwendern benutzt werden können.

Die Verfügbarkeit digitaler Funknetze in der heutigen Zeit ist eine wichtige Herausforderung für die derzeitigen Mobilfunkbetreiber. Die stetig wachsende Anzahl an neuen Smartphone-Nutzern sowie die preislich immer attraktiver werdenden Datentarife unterschiedlicher Anbieter sorgen für eine steigende Nutzung des mobilen Internets. Dies könnte in naher Zukunft dazu führen, dass die Netze öfters überlastet sind. Daraufhin steht der Dienst in einigen Funknetzbereichen nicht zur Verfügung.

Im Gegensatz zur Kommunikation über ein Kabel entstehen bei der drahtlosen bzw. Funktechnologie zusätzliche Risiken. Da diese Daten- und Sprachsignale in alle Richtungen übertragen werden, ist es mit mehr oder weniger Aufwand für Dritte einfach sich in den Datenverkehr zu begeben und Informationen mitzulesen, ggfs. auch zu verändern. Hinzu kommt, dass gerade in privaten Haushalten die Anzahl der WLAN-fähigen mobilen Endgeräte stetig steigt. In heimischen Wireless-LAN Netzwerken ist bei vielen Anwendern noch keine oder zugeringe Verschlüsselungsstufe eingestellt. Dadurch erleichtert es Angreifern die Datenkommunikation mitzulesen und damit sogar an sehr persönliche Daten oder intime von Benutzern zu gelangen. [12]

Ein in den letzten Jahren vorrangiges Problem bei Unternehmen, betrifft in jüngster Zeit jedoch auch immer mehr mobile Endgeräte und damit auch immer mehr Anwender. Viren und Trojaner, halten immer mehr Einzug auf Smartphone, PDA und Handy. Beispiele dafür sind der vor bereits vor einigen Jahren in China aufgetretene MMS-Bomber. Dieser hatte dort vor allem Nokia Geräte befallen und automatisch im Hintergrund ohne Wissen des Benutzers massenhaft teure MMS bzw. SMS-Nachrichten verschickt. Dabei entstand nach Angaben der Betreiber ein Schaden von bis zu 300.000 Dollar pro Tag und Handy. [13]

---

[12] vgl. Junginger, M. (2004): S. 128-131
[13] vgl. http://www.wiso-net.de/webcgi?START=A60&DOKV_DB=ZGEN&DOKV_NO=CBIL75479333%DPKV_HS=0&PP=1

Auf der Liste der aktuellen Weiterentwicklungen bei Endgeräten und Anwendungen im Bereich des M-Commerce steht u. a. die sog. Near-Field Communication (NFC). Diese auf RFID-basierte Technologie soll die direkte Kommunikation mit den Endgeräten bei der Erbringung und Bezahlung von Leistungen erleichtern. Vorstellbar ist bspw. der Einsatz im öffentlichen Personennahverkehr beim Ticket bzw. Fahrkartenkauf. Dabei hält der Reisende sein Handy lediglich an einen Automaten und bezahlt darüber den Fahrpreis. Das Ticket erhält er dann z. B. als SMS. Jedoch herrschen auch bei dieser Technologie in der Datenübertragung zwischen zwei NFC-Geräten folgende Schwachstellen: [14]

- Die Kommunikation ist einfach abzuhören und mitzulesen – dadurch könnten Angreifer an sensible Informationen gelangen, jedoch auch eine entsprechende Transaktion manipulieren und Schaden anrichten.
- Mithilfe eines Störsenders ist es möglich die Datenübertragung und den Vorgang der Transaktion zu verhindern.
- Ein Angreifer tritt an die Stelle des echten Kommunikationspartners und kann reagieren bevor der echte Partner dies tut.
- Die Möglichkeit der sog. (MITM) *Man-In-The-Middle Attacke,* bei der die beiden Kommunikationspartner über den Knotenpunkt des Angreifers miteinander Kommunizieren und dieser unerkannt bleibt, ist gegeben.
- Durch den Austausch besteht die Möglichkeit, dass bewusst falsche und/ oder manipulierte Informationen gesendet werden.

4.2 wirtschaftliche Risiken

Für den Erfolg von M-Commerce bieten die aus den technischen Risiken entstehenden wirtschaftlichen Risiken die größte Gefahr. Hierbei gilt es vorrangig auftretende Sicherheitslöcher zu schließen und sichere Verfahren für den Anwender zu entwickeln. Nur wenn der Anwender von der Sicherheit eines Systems überzeugt ist, wird er dies auch vermehrt mobil benutzen. Aus dem M-Commerce Bereich betrifft dies das mobile Einkaufen über das Internet aber auch mobile Bezahlverfahren wie z.B. paypal oder mpass. Eine aktuelle Studie der Unternehmensberatungsgesellschaft Accenture macht dies deutlich.

---

[14] vgl. Langer, J. ; Roland, M. (2010): S.105

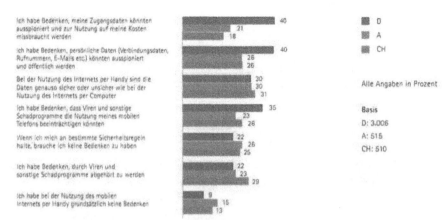

Ich habe Bedenken, meine Zugangsdaten könnten ausspioniert und zur Nutzung auf meine Kosten missbraucht werden — 40 / 21 / 18

Ich habe Bedenken, persönliche Daten (Verbindungsdaten, Rufnummern, E-Mails etc.) könnten ausspioniert und öffentlich werden — 40 / 26 / 26

Bei der Nutzung des Internets per Handy sind die Daten genauso sicher oder unsicher wie bei der Nutzung des Internets per Computer — 30 / 30 / 31

Ich habe Bedenken, dass Viren und sonstige Schadprogramme die Nutzung meines mobilen Telefons beeinträchtigen könnten — 35 / 23 / 26

Wenn ich mich an bestimmte Sicherheitsregeln halte, brauche ich keine Bedenken zu haben — 22 / 26 / 26

Ich habe Bedenken, durch Viren und sonstige Schadprogramme abgehört zu werden — 22 / 23 / 29

Ich habe bei der Nutzung des mobilen Internets per Handy grundsätzlich keine Bedenken — 9 / 16 / 13

D
A
CH

Alle Angaben in Prozent

Basis
D: 3.006
A: 515
CH: 510

Abbildung 2: Accenture Studie 2010 Datensicherheit D, A, CH [15]

Generell bescheinigt die Studie weiterhin ein steigendes Sicherheitsbedürfnis, zumindest bei einer Teilmenge der Benutzer von mobilen Endgeräten und Services aus dem deutschsprachigen Raum. Demnach halten weiterhin 92% der Befragten Verschlüsselungstechnologie wie im PC Bereich für sehr wichtig. Aber auch speziell Firewalls und Antivirenprogramme seien gerade von Jugendlichen gewünscht. Die weitaus größte Angst herrsche z. Zt. jedoch vor Spionage und dem Missbrauch von persönlichen Daten. Dies spiegelte die aktuelle, geringe Nutzung von Internetangeboten wie z. B. mobile Bankgeschäfte oder Wertpapierhandel wider. Der erst kürzlich veröffentliche Vorfall bei Apples iPhone untermauert die Thesen aus der Accenture-Studie. Der Computerriese speichere angeblich seit Jahren Bewegungsdaten wie etwa Längen- und Breitengrade der Endgeräte auf in einer Datei auf dem Betriebssystem. Nach deutschem Recht dürfen diese Informationen zwar gesammelt, aber nur solange gespeichert werden, wie sie für die Bereitstellung des Dienstes notwendig sind. Auf eine entsprechende Aufforderung zur Stellungnahme seitens der Bundesregierung, hat sich der Konzern zu den Hintergründen bzw. Vorwürfen geäußert. [16] Apple räume diese technische Tatsache ein und begründet dies mit einem Softwarefehler. Dieser Fehler werde jedoch so schnell wie möglich in einer der nächsten Software Versionen des iPhone Betriebssystems behoben.

---

[15] Accenture GmbH Dr. Mohr, N. et.al. (2010) S.35
[16] vgl. Ohlsen, H. (2010): www.meedia.de

4.3 rechtliche Risiken

Neben den unterschiedlichen technischen und wirtschaftlichen Risiken im M-Commerce existiert auch eine Reihe von rechtlichen Risiken. Diese korrelieren teilweise zusammen mit der bereits bestehenden Rechtslage im E-Commerce – sind jedoch gerade auch für den mobilen Anwender von zusätzlicher Wichtigkeit. Ein Problem stellt die Wirksamkeit von Willenserklärungen dar. Bei Inanspruchnahme einer Leistung oder einer Bestellung über das mobile Internet müssen die vertraglichen Bedingungen für den Austausch erfüllt sein. Zwingend erforderlich ist dafür die ordnungsgemäße Abgabe und Annahme der gegenseitigen Willenserklärung. Der Vertrag kommt dann zustande, wenn einer der Kommunikations- oder Vertragspartner nach § 145 BGB eine Leistung anbietet und ein anderer Sie nach § 147 BGB annimmt.[17] Der § 130 BGB regelt dies in der sog. *Erklärung unter Abwesenden* auch über das Internet.[18] Eine Willenserklärung kann auch elektronisch erfolgen und ist damit rechtsgültig, wenn Sie von geschäftsfähigen Personen abgeschlossen wird. Anfechtbar dagegen sind z.b. Käufe in der digitalen Softwaredistributionsplattform *AppStore* eines Minderjährigen nach § 105 BGB.[19]

Eine grundsätzliche Anfechtbarkeit einer Willenserklärung gibt das Gesetz bei Eingabefehlern (§ 119 BGB) oder Übermittlungsfehlern (§ 120 BGB) – hierbei trägt der Erklärende z. B. der Käufer das Risiko der Falschübermittlung. Seine falsche Willenserklärung kann er daraufhin anfechten, muss aber ggfs. dem Anbieter dann Schadensersatz leisten.[20] Ein weiteres derzeit ungelöstes rechtliches Problem ist die Beweisbarkeit von elektronischen Dokumenten. Hier muss ggfs. der Käufer nachweisen, dass eine Bestellung bzw. Willenserklärung in Form einer E-Mail oder SMS einem Anbieter zugegangen ist. Dabei reicht es nicht aus, zu beweisen dass die SMS oder die E-Mail richtig abgeschickt wurde. Nach der jetzigen Rechtslage sind E-Mails oder SMS kein traditionelles Einschreiben.[21]

Die Komplexität der unterschiedlichen Übertragungswege und die vielen noch ungelösten Rechtsfragen im M-Commerce führen evtl. zu Rechtsunsicherheit gerade auch in Bezug auf die Wirksamkeit von Willenserklärungen. Es sei daher zu

---

[17] vgl. §145/147 BGB (2009) S.29
[18] vgl. §130 BGB (2009) S.26
[19] vgl. §105 BGB (2009) S.22
[20] vgl. §119/120 BGB (2009) S.24
[21] vgl. Schumacher, E.; Müller, A. (2001) S.45

empfehlen, die im Internet vereinbarten Geschäfte immer noch zusätzlich per Post oder Fax zusätzlich zu bestätigen. [22] Generell sollten Anwender bei Unsicherheit über die Echtheit einer Internetseite keine Transaktion durchführen. Wenn ein Schaden- oder Betrugsfall eingetreten ist, sollte sich Geschädigte an die örtlichen Verbraucherzentralen wenden.

5. Fazit

Die Gewährleistung von Sicherheit stellt eine der größten Herausforderung für alle erfolgreichen M-Commerce Anwendungen und Internetanbieter dar. Nur Anwendungen und Verfahren, die die Übertragungssicherheit und die Datenschutzbestimmungen einhalten, werden mit M-Commerce erfolgreich wirtschaften können. Dies macht auch die aufgezeigte Accenture Studie in dieser Arbeit deutlich. Ungelöste Sicherheitsrisiken und Rechtsfragen erschweren dagegen sowohl die Nutzung als auch die Akzeptanz von Geschäften über das mobile Endgerät. Die Entwicklung der Technik ist hierbei jedoch meist noch in einer reaktiven Phase. Sicherheitsverfahren und Lösungen werden meist nur eingeführt und weiterentwickelt, wenn es bereits an einer Stelle im System technische oder negative Sicherheitsvorfälle gegeben hat. So ist es zwar möglich z.B. bei Verlust seines Handys die SIM-Karte sperren zu lassen, jedoch kann man erst seit einigen Jahren seine persönlichen Daten auf dem Handy oder Smartphone mit einer sog. WipeOut-SMS (*zu deutsch Auslösch-SMS*) löschen lassen. Das Vertrauen der Nutzer von mobilen Endgeräten bestimmt jedoch maßgeblich den Erfolg von mobilen Anwendungen jeglicher Art. Ungelöste Rechtsfragen aus dem Internethandel lassen sich auch auf mobile Geschäfte übertragen. Hier ist es mitunter mit der Beweisführung für betroffene Anwendungen noch schwieriger evtl. durch Versehen oder Betrug eingegangene Geschäfte zu widerrufen. Es besteht zudem die Gefahr, dass Anwender durch die Bequemlichkeit und schnelle Kommunikation der mobilen Endgeräte in Kostenfallen *tappen*, evtl. Sicherheitshinweise und Belehrungen übersehen und somit zusätzlich Verträge zu deutlich höheren Kosten abschließen als ursprünglich beabsichtigt. Sollte es nicht gelingen die Sicherheit deutlich zu erhöhen, können Anwender dadurch evtl. das Vertrauen in die Sicherheit von *M-Commerce* langfristig verlieren.

---

[22] vgl. Eichhorn, B. (2007) S. 71f

6. Literaturverzeichnis

Bücher:

Bürgerliches Gesetzbuch, BGB (2009) Bürgerliches Gesetzbuch, 64. Auflage, Deutscher Taschenbuch Verlag GmbH & Co. KG, München 2009

Eichhorn, B. (2007): Internetrecht - Ein Wegweiser für Nutzer und Web-Verantwortliche, Beuth Verlag GmbH, Berlin 2007

Junginger, M. (2004): Wertorientierte Steuerung von Risiken im Informationsmanagement, Hsrg. Krcmar, H., Gabler Verlag, Wiesbaden 2005

Kollmann, T. (2011): E-Business: Grundlagen elektronischer Geschäftsprozesse in der Net Economy, 4. Auflage, Gabler Verlag, Wiesbaden 2011

Langer, J.; Roland, M. (2010): Anwendungen und Technik von Near Field Communication (NFC), Springer Verlag, Heidelberg 2010

Lehner, F. (2003): Mobile und drahtlose Informationssysteme – Technologien, Anwendungen, Märke, Springer-Verlag, Heidelberg 2003

Turowski, K.; Pousttchi, K. (2004): Mobile Commerce – Grundlagen und Techniken, Springer-Verlag, Berlin Heidelberg 2004

Schumacher, E.; Müller, A. (2001): Ratgeber Rechts- und Vertragspraxis im E-Business, 1. Aufl., Datakontext-Fachverlag GmbH, Frechen 2001

Internetquellen:

Accenture GmbH
Dr. Mohr, N. et.al. (2010) Studie – Mobile Web Watch 2010 –
Durchbruch auf Raten – mobiles Internet im deutschsprachigen Raum
http://www.accenture.com/SiteCollectionDocuments/Local_Germany/PDF/Accentur
e_Mobile_Web_Watch_2010.pdf
aufgerufen am 22.04.2011 um 14.32 Uhr

Ohlsen, H. (2010)
Beitrag vom 21.04.2011
Apple sammelt iPhone Bewegungsdaten
http://meedia.de/details-topstory/article/apple-sammelt-iphone-
bewegungsdaten_100034439.html?tx_ttnews[backPid]=23&cHash=64793324aa3f0
e19993e929ee768ff4e
aufgerufen am 22.04.2011 um 15.05 Uhr

o.V. ,Bundesamt für Sicherheit in der Informationstechnik, Stand 2006, Bonn
Mobile Endgeräte und mobile Applikationen: Sicherheitsgefährdungen und
Schutzmaßnahmen
bsi.bund.de/cln_183/ContentBSI/Publikationen/Broschueren/mobile/index_htm.html
aufgerufen am 03.04.2010 um 16.04 Uhr

Sonstige Quellen:

Computer Bild Nr. 26 vom 04.12.2010 Seite 24
Mobiler China Kracher
GBI-Genios Deutsche Wirtschaftsdatenbank GmbH www.genios.de
http://www.wiso-
net.de/webcgi?START=A60&DOKV_DB=ZGEN&DOKV_NO=CBIL75479333%DPK
V_HS=0&PP=1